배정자

대학에서 도서관학을 전공하고 사서로 대학병원에서 수년간 근무하였다.
고려대 명강사 최고위과정과 세계아기선교신학원을 나와
현재는 만남의교회 영아부 설교를 하고 있다.
유튜브 〈책 읽어주는 배권사님〉
행복코디네이터 책임교수
문체부 소속 '아름다운 이야기 할머니'로 활동하고 있다.

저서 《행복한 엄마》《그리움 강이 되어》
공저 《사랑으로 꾸는 꿈》《명강사 25시》

이메일 bae0189@naver.com

그리움 강이 되어

펴낸날	초판 1쇄 2024년 12월 12일

지은이	배정자
펴낸이	서용순
펴낸곳	이지출판

출판등록	1997년 9월 10일
등록번호	제300-2005-156호
주소	03131 서울시 종로구 율곡로6길 36 월드오피스텔 903호
대표전화	02-743-7661 팩스 02-743-7621
이메일	easy7661@naver.com
창작지도	윤보영 감성시학교
캘리그라피	배정자, 강복례
인쇄	ICAN
물류	(주)비앤북스

ⓒ 2024 배정자

값 15,000원

ISBN 979-11-5555-241-4 03810

※ 잘못 만들어진 책은 교환해 드립니다.

배정자 감성시집

그리움 강이 되어

이지출판

● 추천의 글

배정자 시인이 드디어 첫 시집을 발간합니다.

제가 처음 시인을 만난 것은 2021년 봄입니다. 그때 감성시로 만났고 감성시가 좋아 시를 쓰기 시작했지만, 해외를 오가는 등 너무 바빠서 시집을 발간하지 못해 늘 안타까웠는데, 드디어 시집을 발간하게 되었습니다.

처음 시집을 발간할 때는 누구나 같은 심정입니다. 이 시집을 누가 읽어 줄까? 하지만 감성시는 다릅니다. 지금까지 감성시를 배운 50여 명의 시인들이 개인 시집을 펴내 모두 독자들의 사랑을 받고 있는 걸 보면, 배정자 시인의 시집 역시 큰 사랑을 받을 것입니다.

더구나 이 시집 속 시들은 독자 스스로 주인공이 될 수 있게 유도해 가슴에 깊은 감성을 담아 주기에 충분합니다. 거기에 더해 가족 사랑과 일상 사랑, 주님에 대한 사랑까지 사랑을 바탕으로 적은 글들이 많아 읽는 내내 미소를 짓게 만듭니다.

 이제 배정자 시인은 이 시집을 발간하면서 자기 시에 대한 책임감이 더 생기고 그 책임감으로 한층 발전된 자신을 만나게 될 것입니다. 앞으로 더 멋진 시인으로 활동할 수 있도록 저 역시 감성시를 쓰면서 늘 함께할 것을 약속드립니다.

>윤보영 감성시학교가 있는 '이야기터휴'에서
>커피시인 윤보영

● 추천의 글

　배정자 권사님과의 인연은 10년 전, 제가 권사님이 출석하는 교회에 담임목사로 부임하면서 시작됐습니다.
　권사님의 남편 되시는 장로님은 한국 프로야구 유명한 타격코치로, 권사님 가정에 대해 특별한 관심을 두게 되었지요. 최고령 현역 코치로 활동하며 얼마 전까지도 1군 타격코치로 활약할 수 있었던 것은 권사님의 오랜 새벽기도가 큰 힘이 되었을 것입니다.
　권사님은 늘 새벽기도의 자리를 지키며 아침 여명이 밝아올 때까지 기도하는 기도의 사람이었습니다. 남편과 자녀들을 위해 평생 기도해 오셨고, 어머니에 대한 효심이 깊으셨습니다. 특히 사랑하는 여동생을 먼저 하늘나라로 보내신 후, 하염없이 눈물로 그리움을 달래며 고인을 위해 애틋한 기도를 올리셨던 따뜻한 언니이기도 합니다.
　권사님은 시련이 닥쳐올 때마다 성숙한 신앙인으로서 초연하게 대처해 오셨습니다. 힘든 고난의 시기에도 고난을 담대히 맞서며 기도로 반응하는 모습은 어려움 속에서도 용기 있게 하나님을 신뢰했던 에스더와 같은 신앙의 여정을 떠올리게 합니다.

이번 시집 출간은 권사님의 도전 정신과 배우고자 하는 열정의 결과입니다. 새롭게 시의 세계에 도전하는 것이 쉽지 않음에도 불구하고, 이러한 권사님의 열정이 시집으로 결실을 맺게 된 것이라 생각합니다.

이 시집에는 아름다운 자연과 일상의 소소한 풍경들이 많이 담겨 있습니다. 비 오는 날의 고요함, 봄날의 벚꽃길, 홍매화에 대한, 그리고 거리의 행복을 비추는 가로등까지…. 권사님은 자연을 깊이 사랑하는 자연 예찬론자입니다.

수필가 피천득 선생의 "오월은 금방 찬물로 세수한 얼굴이다"라는 글귀처럼 배정자 시인의 시는 봄날의 상쾌함과 따뜻함이 느껴집니다. 이번 시집을 통해 많은 분들이 삭막해지는 시대에 따뜻한 마음과 풍성한 감성을 느끼고 위로를 얻으시기를 바라며, 시집 출간을 진심으로 축하드립니다.

수지 목양실에서
피천득 선생의 글을 좋아하는 나영진 담임목사

● **시인의 말**

  나는 어렸을 때 종갓집 소녀로 불리었다.
눈이 큰 아이!

  장날이면 플라타너스가 늘어선 신작로를 엄마 손을 잡고 타박타박 걸었던 추억을 간직하고 싶어 그 모든 것을 시로 표현해 보았다.

  윤보영 시인님을 만나 감성시를 배우고, 감성시를 통해 마음속에 있는 것을 하나하나 꺼내 시로 적었다. 아직은 많이 부족하지만, 이 책을 읽는 여러분에게 조금이라도 공감이 가는 시였으면 좋겠다.

  시에서 표현하는 그대는 나에게는 하나님이 되시고, 때로는 내 시를 읽는 독자 여러분이었으면 좋겠다는 마음으로 썼다. 시 제목은 엄마도 그립고, 먼저 간 여동생도 그립고, 뉴질랜드로 떠난 어린 왕자도 그립고, 이 모든 것이 강이 되어 내 마음속에 흐른다.

나의 시 중에 가장 마음에 드는 것은 맨 마지막 장에 나오는 것이다.

"주님! 좁디좁은 마음이 넓디넓은 마음으로 변하게 하소서!"

나는 언제쯤 이 옹졸한 마음이 넓디넓은 마음으로 변하여 예수님 마음에 조금이라도 가까이 갈 수 있을까?

시집이 나오기까지 이끌어 주신 윤보영 시인님과 추천의 글을 써 주신 나영진 담임목사님께 깊이 감사드린다. 그리고 캘리와 멋진 그림으로 도움을 주신 강복례 집사님과 시집을 출판해 주신 이지출판 서용순 대표님께도 고마운 마음 전한다.

나와 항상 함께하여 주신 하나님께 영광 돌리고, 물심양면으로 지지해 주고 응원해 준 사랑하는 가족에게 깊이 감사드린다.

2024년 12월

배정자

● **차례**

추천의 글_ 윤보영 • 4
추천의 글_ 나영진 • 6
시인의 말 • 8

제1부 가을이 내게 말을 걸면

글쎄, 거울이 • 16
그림 그리기 • 17
같음과 차이 • 18
달맞이꽃 • 19
내 안의 꽃밭 • 20
보고 싶은 마음 • 21
가을이 내게 • 22
그리움 강이 되어 • 23
수국꽃 • 24
빗소리 • 25
꽃비 • 26
흔적을 닦으니 • 27
구름이 모이면 • 28
이유 같은 이유 • 29
행복한 걱정 • 30
한 글자 • 31
진할수록 • 32
그 길 • 33
괜한 걱정 • 34
이정표 • 35
책꽂이 • 36
아름다운 마음 • 37
우물 그리고 샘 • 38

제2부 비 오는 날의 수채화

너였다 · 40
봄의 찬가 · 42
봄마중 · 44
올림픽대교를 오가며 · 46
봄봄봄 · 48
그대가 봄 · 50
옹달샘 · 52
행복 가로등 · 54
커피 이야기 · 56
목련나무 · 58
능수버들 · 60
비 오는 날의 수채화 · 62

실개천 · 41
벚꽃길 · 43
천만의 말씀 · 45
지우개 · 47
상사화 · 49
봄이 되면 · 51
내 안의 바람개비 · 53
다시 날아온 새 · 55
커피 · 57
홍매화 길 · 59
산수유 · 61

제3부 새벽 산책길에서 만난 엄마

어머니 · 64

집으로 · 65

우리 엄마 · 66

안개꽃 연가 · 67

행운을 찾는다고? · 68

봄이 오는 소리 · 69

눈부신 햇살 · 70

그대가 · 71

봄까치꽃 · 72

기다리는 마음 · 73

기다림 1 · 74

기다림 2 · 75

가슴으로 내리는 비 · 76

봄빛 · 77

낯익은 인기척 · 78

예감 · 79

나무시계 · 80

편의점 · 81

일방통행 · 82

가을비와 함께 · 83

빈 그네 · 84

달과 배 · 85

생일 · 86

3월의 눈 · 87

고드세피아 · 88

제4부 행복을 차리는 식탁

소파에 앉아서 · 90

어머니의 강 · 91

연꽃처럼 · 92

꽃잔치 · 93

샘을 파다가 · 94

빈 의자 · 95

행복을 차리는 식탁 · 96

허수아비 · 97

6월에는 · 98

7월을 열며 · 99

광교의 가을 · 100

구절초 · 101

연못을 담다 · 102

잠 못 드는 이유 · 103

바위도 당신을 · 104

쉬는 방법 · 105

국화꽃 향기 · 106

가을 편지 · 107

눈물 · 108

여름비 · 109

겨울나무 · 110

너 · 111

숲 · 112

둘레길 · 113

보석 · 114

제5부 사랑하며 살게 해주소서

흐르는 강물처럼 · 116

소리가 들린다 · 117

연못 · 118

커피를 마시다가 · 119

스카프 · 120

방긋 웃는 커피잔 · 121

버튼 · 122

오솔길 · 123

그리움 · 124

꿈 · 125

경포대 · 126

팬데믹 · 127

풍경 소리 · 128

그대가 보약 · 129

사랑과 평화의 세상 · 130

통일의 염원 · 132

사랑하며 살게 해 주소서 · 133

위로 · 134

홍시 · 135

사랑할 수 있는 마음을 주소서 · 136

성탄의 기쁨 · 137

12월의 행복 · 138

제1부

가을이 내게 말을 걸면

글쎄, 거울이 | 그림 그리기 | 같음과 차이 | 달맞이꽃
내 안의 꽃밭 | 보고 싶은 마음 | 가을이 내게 | 그리움 강이 되어
수국꽃 | 빗소리 | 꽃비 | 흔적을 닦으니 | 구름이 모이면
이유 같은 이유 | 행복한 걱정 | 한 글자 | 진할수록 | 그 길
괜한 걱정 | 이정표 | 책꽂이 | 아름다운 마음 | 우물 그리고 샘

글쎄, 거울이

보고 있는
거울이
갑자기
내 손을 잡고

"당신 참 예뻐요!"
이러는 거 있죠

거짓말 못하는
거울이니
기분 좋게 믿어야겠죠?

그림 그리기

종이에 그리면
그림이 되고

마음에 그리면
그리움이 된다 해서

마음에 그리고
살짝 펴보니
그대였습니다

늘
내 편 되어 주는
당신!

같음과 차이

가로등은
밤이 되어야 불을 켜서
길을 밝히지만

내 안의 그대는
시도 때도 없이
보고 싶은 마음 꺼내
그리움을 밝힙니다

이게
내 표정이
늘 밝은 이유입니다.

달맞이꽃

초저녁
산책길에서 만난
달맞이꽃

우리둘 다
보고 싶은 마음 담고
기다림으로 피었다.

내 안의 꽃밭

꽃이 예쁘다
내 마음에
꽃으로 자리 잡은 너!

나를 보는
네가 예쁘다

예뻐서
예쁘다고 한 말이
내 안에
꽃밭을 만든다

참 예쁘다.

보고 싶은 마음

그대 좋아하는
부추 나물을 만들고
내가 좋아하는
하얀 꽃무늬 접시에 담았습니다
보고 싶은 마음도 함께 담았습니다

왈칵, 그리움이 쏟아집니다
보고 싶은데
너무 보고 싶은데
그리움이 양념 되어
짜게 되면 어쩌지요?

가을이 내게

눈부신 가을
예쁜 찻잔에
그리움 한 스푼
보고픔 한 스푼
추억 한 스푼

가을이
가슴에 들어와
그대 생각을 채웠다
사랑을 만들고 있다.

그리움 강이 되어

너만 생각하면
마음이 아려온다

보고 싶어도
볼 수 없는 너!

내 그리움을
강물에 풀어 볼까
하늘 향해 소리쳐 볼까

아니면
그리움에
제트엔진을 달까?

하지만
그리운 것은
그리운 거다

만나면
만나는 대로 그립고
만날 수 없으면
없는 대로 그립다.

수국꽃

수국꽃을 보다가
웃음이 나왔다

그대 웃는 모습과
닮아도 너무 닮아
기분 좋아 웃었다

웃다가
웃다가
그대와 어울리게
수국 꽃이 되었다.

빗소리

빗소리가
창문을 두드린다
혹시
그대 소식 가져왔나?

꽃비

바람에
꽃비가 내립니다

꽃잎 진
자리마다
열매가 열리겠지요?

그대 기다리는
내 그리움 속에
그대 웃는 모습이
가득 담긴 것처럼.

흔적을 닦으니

테이블 흔적은
휴지로 닦고
내 그리움 흔적은
그대 생각으로 닦고

닦인 테이블은
깨끗해서 좋고
닦인 내 그리움은
그대 얼굴을 볼 수 있어 좋고.

구름이 모이면

구름은 바람 따라 흘러가고
내 사랑은
보고 싶은 마음 따라 흘러가고

구름이 모이면 비가 내리듯
내 사랑도 모이고 모이면
그리움이 되겠지?

이유 같은 이유

사람들 관심을
못 받은 나무에는
이끼가 낀다고 했어요

그래서일까요?
그대 생각 담긴
내 안은
늘 맑음
늘 깨끗함인 이유.

행복한 걱정

시냇물이 흘러
만난다는 한강으로
그대 생각 띄워 보내면
한강도 작다며
넘칠지 몰라

한강변 사람들
대피해야 할 수도 있고.

한 글자

한강 물에
가장 소중한
한 글자를 적어보라면?

보나마나
너
너라고 적을거야

나에게는
너 하나면 되니까.

진할수록

사랑은 진할수록 좋습니다
커피도 진할수록 좋고
당연히
그대 향한 내 마음도
진할수록 좋습니다

그래서일까요?
진한 커피를 마실 때
그대가
더 보고 싶어지는 이유

그렇다고
진하기만 하면 무엇 하나요?
만날 수도 없을 텐데
더 그립게만 만들 텐데.

그 길

이 길 끝에
당신이 있다면
길 옆 모든 곳에
꽃이 가득 피었을 거야

그 길!
내 안에 있고
그 꽃은
그대 생각일 테니까.

괜한 걱정

가방을 메고
길을 나선다

가을을 가득 담아
와야지

파란 하늘
눈부신 햇살
가을 낙엽
그대 그리움까지

참, 마음껏 담았다가
그대 생각 너무 많아
들지 못하면 어쩌지?

이정표

도로 위 이정표에
'당진에게 가는 길'
하고 표시한다면
달리는 차들이
그 방향으로 몰려가겠지?

그래서
내 안에 붙였다
다만 가야하기 때문에

책꽂이

책꽂이에
그대 생각을
꽂았다

보고 싶을 때
바로 바로
꺼내 볼 수 있게

그 책꽂이
내 가슴에 있는 줄
한세월 지나서야 알았다

아름다운 마음

꽃이 아름다운 것은
꽃을 보는
당신 마음이
아름답기 때문이고

당신이 아름다운 것은
당신을 바라보는 꽃이
내 마음이기 때문입니다.

우물 그리고 샘

그대 그리움은
우물이 아니라
샘입니다

다만, 우물은
산속에 있고
샘은 내 가슴에 있지요.

제2부

비오는 봄의 수채화

너였다 | 실개천 | 봄의 찬가 | 벚꽃길 | 봄마중
천만의 말씀 | 올림픽대교를 오가며 | 지우개 | 봄봄봄
상사화 | 그대가 봄 | 봄이 되면 | 옹달샘 | 내 안의 바람개비
행복 가로등 | 다시 날아온 새 | 커피 이야기 | 커피
목련나무 | 홍매화 길 | 능수버들 | 산수유 | 비 오는 날의 수채화

너였다

나를 부르는 것 같아
돌아보았다
아무도 없다

잠시 후
또 부르는 것 같아
다시 돌아봤다

너였다
가슴에 꽃을 피우자며
내 손 잡고 이끄는 봄!
바로 너였다.

실개천

우리 집 앞 실개천에도
봄이 왔다

흐르는
시냇물 따라
새싹이 길을 만들고

그 길로
봄을 앞세워 걷는다

고향 그리움이
가슴에 담긴다.

봄의 찬가

시냇물이 내려갑니다
물 따라
버들가지가 춤춥니다

봄
봄
봄!
마음이 흔들립니다

내 안에서
그리움이 달려 나옵니다
고향 마을이 보입니다.

벚꽃길

빛나는 왕관처럼
벚꽃은, 한 송이
한 송이가 모두 예쁘다

봄비 소식이 들린다
내린 비에 꽃이 지면 어쩌지?

아직 가족들과 꽃구경
가자는 약속도 못 잡았는데

서둘러
벚꽃 핀 길
가족들과 함께 걷기 위해
가슴에 담는다.

봄마중

매화꽃, 벚꽃, 목련
하나둘
꽃망울을 터뜨린다

봄마중을 나서야겠다
꽃 피는 계절이 오고 있다고
내 안의 그대에게
봄소식을 전해야겠다

보고 싶은 마음
꽃으로 피워
함께 보내야겠다.

천만의 말씀

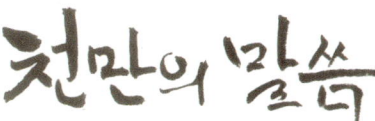

서울에서
가장 높은 빌딩이
롯데타워 라지요?

천만의 말씀
내 안에
그대 생각 쌓아 올린 탑
10분의 일도 안 되는데.

올림픽대교를 오가며

올림픽대교 탑을 보면
올림픽이 열리던
그때가 생각난다지요?

그 탑 위에
당신 생각을 올렸습니다
오며 가며 당신 생각
잊지 않고 할 수 있게

한세월 흘러가도
기억될 수 있게.

지우개

내 그리움에는
지우개가 없습니다

그러니 한평생
가슴에 담고
그리워할 수밖에요

그대 담겼으니
그냥
웃을 수밖에요.

봄봄봄

봄이 왔다
너라는 꽃이
봄이 되어 왔다

내 가슴에
새소리가 들린다

기다리는 봄
만나고 싶은 봄!

우리를 위해
행복을 물고 온 거니?

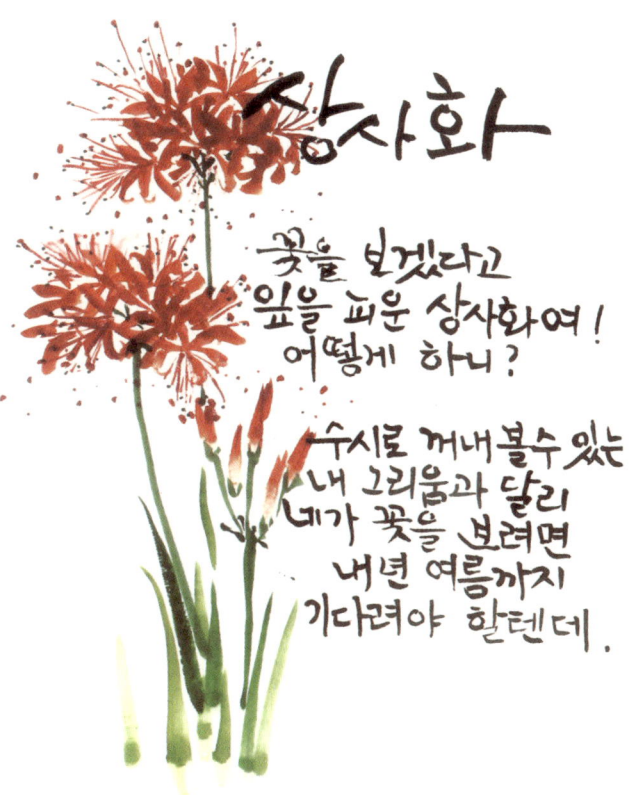

상사화

꽃을 보겠다고
잎을 피운 상사화여!
어떻게 하니?

수시로 꺼내볼수 있는
내 그리움과 달리
내가 꽃을 보려면
내년 여름까지
기다려야 할텐데.

그대가 봄

산 넘어 불어온
따뜻한 바람이
봄소식을 담아 왔어요

이내 들판은
연둣빛으로 물들겠지요

하지만 내겐
그대가 봄입니다

내 안에
그대 생각이 꽃을 피우고
그 꽃
그대 얼굴을 내밀 테니까

내 안을
따듯하게 만들 테니까.

봄이 되면

봄은 희망을 담아오고
그대는 사랑을 담아오고

봄의 상징이
돋아난 쑥이라면

나의 상징은
늘 그리운 당신입니다

그러니 봄이 되면
들판에 쑥 돋아나듯
내 그리움에
그대 생각이 돋아날 수밖에요.

옹달샘

옹달샘에
돌을 던지면
잔잔한
파장이 생기고

내 안에
그대 생각을 담으면
낯익은 미소가 생기고.

내 안의 바람개비

선풍기
바람개비가 돌고 있다

바람개비 따라
그대 그리움도 돌아간다

바람개비가 멈추면
그대 향한 그리움도 멈출까?

아니, 아니
내 안의 바람개비는
저절로 돌아가는 것

그대 생각만 하면
돌아갈 수 밖에 없는 것!

행복 가로등

내 안에
가로등이 있다
우리 가정에
즐거움과 행복을 바라는 마음

그 마음으로 세워 둔
가로등!

우리 일상이 즐겁게
가로등 아래서
늘 웃음소리가 들렸으면 좋겠다.

다시 날아온 새

내 곁에서
새 한 마리가 날아간다

당신 좋아하는
지금 내 마음을 물고
그대에게 전하겠다며 날아간다

그대, 지금
내 가슴에 있는데
날아갔다
다시 돌아오겠지
아마 저 새는.

커피 이야기

오늘따라 유난히
커피가 쓰게 느껴지는 건
그만큼 당신이 그리워서겠지요

쓴 커피에
그대 생각을 넣었더니
당신 미소처럼
달콤한 커피로 변하는 거 있죠!

이제 커피를 마실 때마다
당신 생각을 넣어야겠어요

생각만 해도 달콤한
그대 생각부터
먼저 넣어야겠습니다.

커피

커피에
사랑을 담았더니
그대가 된다

부드러운 향기처럼
눈길 끄는
매력까지 담긴.

목련나무

내 가슴에 목련꽃은
봄에도 피고
겨울에도 핀다
일 년 내내 핀다

그래서일까?
내 가슴에 핀 목련꽃을
목련나무는 부러워한다

목련꽃 봉오리 앞에서
"나는 늘 봄!" 하고
말하려다 웃었다

목련나무가
그대 생각하는 날 보고
늘 봄이라고 먼저 말해서.

홍매화 길

언덕에서 바라본
홍매화 숲에 매화꽃이 피면
저 길 따라
매화꽃 닮은 당신
당신을 먼저 걷게 할 거야

당신이 걸어갈 이 멋진 길을
내 가슴에 담고
당신 만나 행복해할
그날을 기다릴 거야.

능수버들

능수버들은
그리움이
강물 쪽에 있나보다

가지를
늘어뜨리고
저리 간절하게
닿으려고
애쓰는 걸 보면.

산수유

노란 산수유가
하나둘
꽃망울을 터뜨린다

파란 하늘 향해
보석같이 박힌다

내 안의 그대도
보석같이
내 마음에 박혔는데

내 안을 온통
봄으로 만들고 있는데.

비 오는 날의 수채화

비 오는 날,
풀숲 사이로 흐르는
가느다란 빗줄기

그 사이로 떠오르는
그리운 얼굴
연초록 잎에 맺힌 빗방울이
그대 얼굴을 그린다

빗물에 번지는
수채화처럼
그리움이 번져 가고

연초록 잎에 떨어지는
빗방울 소리에 담겨 온
그대 목소리!
보고 싶다.

제3부

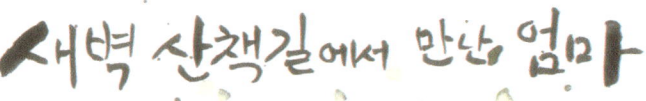
새벽 산책길에서 만난 엄마

어머니 | 집으로 | 우리 엄마 | 안개꽃 연가 | 행운을 찾는다고?
봄이 오는 소리 | 눈부신 햇살 | 그대가 | 봄까치꽃 | 기다리는 마음
기다림 1 | 기다림 2 | 가슴으로 내리는 비 | 봄빛 | 낯익은 인기척
예감 | 나무시계 | 편의점 | 일방통행 | 가을비와 함께
빈 그네 | 달과 배 | 생일 | 3월의 눈 | 고드세피아

어머니

새벽 산책길
이슬 내린 낙엽이
찬바람에 속삭인다

낙엽 냄새에는
태곳적부터 변하지 않는
자연의 향기가 담겨 있다

그 향기를 담은 낙엽
내 안의 그리움을 일깨워
태곳적 그리움
어머니를 불러낸다

낙엽 위를 걷는다
어머니 그리움 속으로 걷는다.

집으로

다들 걸음을 재촉하며
집으로 향한다

따스함이 있는 곳
정이 담긴 곳

나도 그들처럼
돌아갈 집이 있다

차 한 잔 마시면서
그대 생각
편하게 할 수 있는 집!

내 가슴에
그 집까지 함께 있어 좋다.

우리 엄마

불러도
불러도
더 부르고 싶은 엄마

보아도
보아도
더 보고 싶은 엄마

지금은
부르고 싶어도
보고 싶어도
내 곁에 없는 엄마

가슴에 메아리만 치는
아~ 그리운
우리 엄마!

안개꽃 연가

하얗게 어울려 핀
안개꽃 사이로
그리운 얼굴이 보인다

유난히
안개꽃을 좋아했던 그대!

오늘은
그리움 속으로 들어가
안개꽃처럼 환한 얼굴
그대를 만나고 싶다

행운을 찾는다고?

네 잎 클로버는 행운
당신처럼
곁에 있는 사람이 행운인데
왜 사람들은
멀리 있는 행운을 찾아 나설까?

당신과 나
우리 서로가 그렇듯
함께 있는 사람이 행운인데
왜 사람들은
멀리 있는 행운을 찾으려 할까?

봄이 오는 소리

부스럭 소리에
봄이 눈을 떴어요

낙엽 사이에서
막 잠 깬 봄이
기지개를 켭니다

당신
들리나요?

이 소리가 들린다면
내 안의 당신도 일어나
내가 알아볼 수 있게
기지개 켜 주시죠.

눈부신 햇살

눈부신 햇살 속에
그대가 보입니다

기지개를 펴 보입니다
그리고
가슴을 엽니다

내 안으로
그대가 들어옵니다
햇살에 담겨 들어옵니다

그대를 담고 있는
내 안은, 이제
그대 덕분에
완전한 봄이 되었습니다.

그대가

그대가 봄이라면
나는, 그대 안의
꽃이 되겠습니다

꽃이 된다면
내 가슴에
그대를 담고 핀
안개꽃이 되겠습니다

그대가 숲이라면
나는, 그대 안의
산새가 되겠습니다

새가 된다면
항상 그대 앞에서 지저귀는
종달새가 되겠습니다.

봄까치꽃

들판에
하늘색 꽃이
가득 피어 있다
꽃잔치를 연다

들판을
내 안에 옮겼다

하늘, 땅, 별만큼
그대 생각하는
내 마음 한쪽 귀퉁이가
꽃으로 채워졌다.

기다리는 마음

내가
봄을 기다리는 건
그대 향한 그리움 때문입니다

아니, 그대도 봄을 맞아
날 기다리는 마음이었으면 하는
그 바람이 있기 때문입니다.

기다림 1

골목길
가로등처럼

그리움에
그대 생각을 밝히고
기다리면

지나가는 사람들처럼
그대도
내 곁으로 올까?

기다림 2

기다리는 당신이
있다는 것은
나에게, 내일을
살아가는 희망이 있다는 뜻입니다

그 희망으로
내 안에
당신 좋아하는 꽃을 피우고
꽃처럼 살겠습니다

당신 보고 싶은 마음
향기로 달래가며 살겠습니다.

가슴으로 내리는 비

비가 내린다
보고 싶은 마음 담고 내린다

내리는 비는
그리움이 되어
가슴으로 내린다

그대 생각
자기만큼 해 보라며
내 안에 넘치도록 내린다.

봄빛

모든 걸 소생시키는
봄빛

그 봄빛이 닿는 곳에
생명이 살아난다

내 안의 그대도
봄빛을 받아
활짝 기지개를 켠다

그대 앞의 나도
그대 눈빛이 닿으면
톡 하고
참고 있던 그리움이
터지겠지, 아마.

낯익은 인기척

봄이 내게로 왔다
그대 기다리는 가슴에
따뜻한 바람으로 왔다

그대 웃는 얼굴을
꽃으로 피운 바람!

내 안에 바람이 분다
낯익은
인기척에 가슴이 뛴다.

예감

혼자 걷는 길
이 길 끝에
함박웃음으로 맞아 줄
그대가 있을 것 같아
걸으면서도
자꾸 내 안을 들여다본다
곧 만날 것 같은 예감!

내 안에서
따뜻한 바람이 분다.

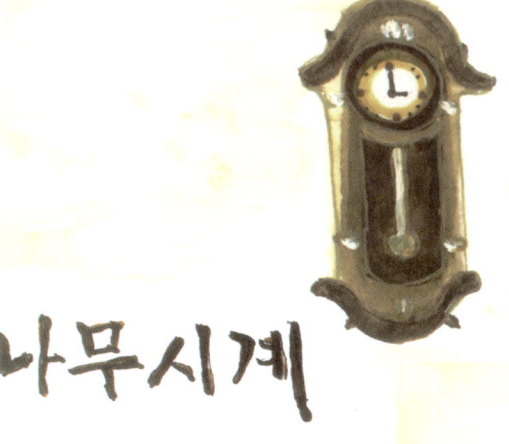

나무시계

고향집 툇마루에 걸린
나무시계!

지금은 모두
고향을 떠났지만
오늘도 그 자리에서 돌아간다

그리움을 담고
우리를 기다리며 돌아간다.

편의점

편의점은
내 마음 같다

그대 향해
스물네 시간 열어 두고
기다림을 담아 둔.

일방통행

그거 아세요?
당신 향한 내 마음
늘 일방통행이라는 사실!

그것도 아세요?
그대가
나를 향해 오는 길도
일방통행이길 바라는 마음!

가을비와 함께

예쁜 단풍잎이
낙엽비로 내린다
아~
잡고 싶은 가을!

그대도 아닌데
그대처럼
가슴에 담고
보내 주기 싫은
이 멋진 가을!

빈 그네

바람에 흔들리는
빈 그네도
내 안의 당신을 앉히면

당신 생각 담고
웃는 나처럼
기분 좋아
흔들
흔들.

달과 배

밤 하늘에 떠 있는
저 달은
그리움이 만든 배

배를 띄웁니다
보고 싶은 그대
만날 수 있게
내 가슴에 띄웁니다

생일

당신이 세상에 온 오늘은
우리에게 축복입니다

그런 당신이
내 곁에 있습니다
행복합니다

그 행복을
선물로 주는 당신
가족들 이름으로
당신 생일을 축하드립니다.

3월의 눈

3월 중순에
함박눈이 내린다

내 안으로 찾아온 당신
가지 못하게

그리움이
폭설로 내린다

고드세피아

18년 전
엄마가 집들이 선물로 사 주신
고드세피아!

지금 엄마는
안 계시지만
그 빈자리를
고드세피아 푸름이 머문다
엄마 자리로 머문다.

제4부

행복을 차리는 식탁

소파에 앉아서 | 어머니의 강 | 연꽃처럼 | 꽃잔치
샘을 파다가 | 빈 의자 | 행복을 차리는 식탁 | 허수아비
6월에는 | 7월을 열며 | 광교의 가을 | 구절초 | 연못을 담다
잠 못 드는 이유 | 바위도 당신을 | 쉬는 방법 | 국화꽃 향기
가을 편지 | 눈물 | 여름비 | 겨울나무 | 너 | 숲 | 둘레길 | 보석

소파에 앉아서

엄마가 항상
앉아 있던 소파

낡았지만
버리지 못한다

오늘은
엄마의 온기가 그리워
소파에 앉는다

엄마 그리움이
참 폭신하다.

어머니의 강

강물이
보석같이 반짝인다

강은 모든 것을 품은
어머니

내 가슴에
강이 있다

강이 강을 품고
어머니로 있다.

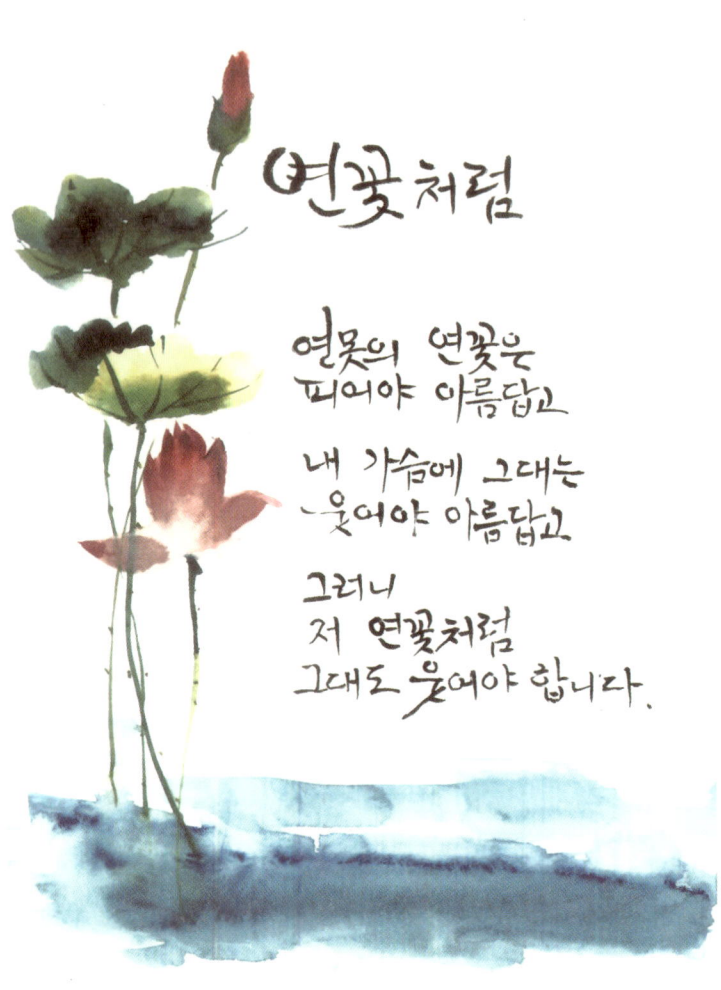

연꽃처럼

연못의 연꽃은
피어야 아름답고

내 가슴에 그대는
웃어야 아름답고

그러니
저 **연꽃처럼**
그대도 웃어야 합니다.

꽃잔치

봄이
꽃을 피워 잔치를 합니다

그대 생각으로 꽃을 피운
내 그리움도 봄!

산과 들에 꽃이 피듯
그대도 내 안에 찾아와
잔치를 열었으면 좋겠습니다.

샘을 파다가

그리움이
샘이라면
샘을 파야겠지요

한 곳
두 곳 파다가
가슴에 구멍이 난다 해도
그립기밖에 더하겠어요?

빈 의자

상사화 앞
빈 의자는
잎만 자란 상사화를 보고
두리번두리번
꽃을 찾았을지 몰라

산책 나온 내 앞에
빈 의자가
내 그리움 속을
두리번두리번
그대 모습 찾았던 것처럼.

행복을 차리는 식탁

나뭇결이 예쁜 식탁
온종일 빈자리다

모두 돌아오는
저녁 시간이 되면
식탁이 가득 찬다
웃음과 평안이 자리 잡는다

나는 이곳에
행복을 차린다.

허수아비

논 가운데
　농부는
　허수아비처럼 서서
　"워이 워~이"
　새를 쫓고

그대 보고싶은
　나는
　그대 생각으로
　"워~이 워~이!"
　그리움을 불러들이고.

6월에는

초록빛 싱그러운 6월!

산에는 뻐꾸기 울고
숲에는 새들이 난다

5월 장미꽃 진 자리
6월 고운 꽃이 무리지어 핀다

활짝 핀 꽃만큼
더 많은 사랑을 해야겠다
그대 그리움을 담아야겠다.

7월을 열며

뜨거운 태양과
넘실대는 파도
젊음의 계절이다

일 년의 반이
다시 시작되는 7월
청포도가 익어 가는
7월을 연다

그 7월 속에
행복,
우리의 행복이 보인다.

광교의 가을

붉은 저녁노을
광교의 가을이 저문다

단풍 떨어진 자리에
곧 겨울이 다가오겠지

차가운 바람 불어와
옷깃을 여미며 걷는다

겨울이 오면
하얀 눈이 쌓이겠지
소복이 쌓인 눈길을
그대 생각하며 걸어야지

떠나가는 가을 앞에서
설렘과 기대를 안고
겨울을 맞이하기 위해
그리운 상상을 한다.

구절초

오늘 구절초는
내 그리움이다
만날 수 없는 사람!

구절초 꽃
이 꽃을
너라고 생각하면서
보고 싶은 마음
달래고 싶어서.

연못을 담다

연못에 돌을 던졌다
잔잔한 파문이 인다

퍼져 가는 파문 사이로
그리운 얼굴이 보인다

앗, 당신!
연못을
가슴에 담는다.

잠 못 드는 이유

창문으로
귀뚜라미 소리가 들어온다
가을이다

매미 소리도 사라졌고
오늘 밤
잠이 잘 올 것 같다

아니, 가을이라
그대 생각 더 나서
일찍 잠들기 어려울 것 같다.

바위도 당신을

산길에
넓은 바위가 있다
이 바위가
내 그리움이라면
바위도 당신을
기다리고 있었겠지?
아마도
아마도.

쉬는 방법

컵에 물을 담았는데
나뭇잎이 담긴다

내가 그대 생각
너무 많이 한다고
쉬어 가라면서.

국화꽃 향기

마음을 연다
가을처럼
국화꽃 향기로
다가와 있는 그대

내 마음도 가을
이제
내 안에도
그대 얼굴을
꽃으로 피우면 되겠다

가을편지

가을이다
그대 닮은 가을이 왔다

그대 그리워
편지를 쓰려는데

보내기도 전
보고 싶은 마음이
먼저 답장을 보냈다

웃는 얼굴로 왔다

눈물

비가 내린다
구름이 비가 되어 내린다

가느다란 빗줄기가
눈물 같다

보고 싶은 마음에
나 대신 흐르는 눈물!

안 그래도
보고 싶은데
마음껏 내려라.

여름비

빗소리에
창문을 열었다
여름비다

혹시 너
책임도 못 질 거면서
날 불러내는 건 아니지?

겨울나무

꽁꽁 언
겨울나무에
그대 모습이 보인다

반가워서
나무를 꼭 안는다

겨울나무에
새싹이 돋는다

내 안에
그리움이 돋는다.

너

오늘 아침
마음 가는 대로 따라가다 보니
너에게 왔다

늘 보고 싶고
늘 그리운
선물 같은 너!

너
내 마음에
언제부터 와 있었니?

숲

봄이다
숲이 푸르게 변한다

그 숲속에
그대가 보인다

내 안에 휴식을 주겠다며
다가오는 그대
그대는 나무
우리는 숲!

둘레길

가도 가도
그립기만 한
이 길!

그리움에도
둘레길이 있는 걸까?

보석

흐르는 시냇물
햇빛에 보석같이 빛난다

내 안의 그대만
보석인 줄 알았는데

어쩌면
흐르는 시냇물이
내 그리움일 수 있어.

제5부

사랑하며 살게 해주소서

흐르는 강물처럼 | 소리가 들린다 | 연못 | 커피를 마시다가
스카프 | 방긋 웃는 커피잔 | 버튼 | 오솔길 | 그리움 | 꿈
경포대 | 팬데믹 | 풍경 소리 | 그대가 보약 | 사랑과 평화의 세상
통일의 염원 | 사랑하며 살게 해 주소서 | 위로 | 홍시
사랑할 수 있는 마음을 주소서 | 성탄의 기쁨 | 12월의 행복

흐르는 강물처럼

반지꽃이
흐드러지게 핀 강가
흐르는 강물처럼
고요한 마음이고 싶다

매미 소리를 지우고
나비의 몸짓을 지우고

그냥
자연 속에 담겨
소리 없이
그대를 기다리고 싶다.

소리가 들린다

새소리
물소리
바람 소리

까치 소리
매미 소리
시냇물 소리

내 안에서
소리가 들린다

그대가 올지 모르는데
가슴을 열어야겠다.

연못

연못에 담긴
파란하늘!

연못도 나처럼
보고싶은 마음이
가득 했나?

하늘로 꽉 찼다.

커피를 마시다가

커피를 마시다가
그대 생각을 넣었더니
너무 달콤한 거 있죠

이제
커피 마실 적마다
그대 생각 넣을 텐데
그럼, 앞으로
달콤한 커피만 마시겠군요

커피 마실 적마다
지금처럼
웃으면서 마시겠군요.

스카프

스카프를 둘렀습니다
그대 생각도 함께 둘렀습니다

목에 두른 스카프는
몸을 따뜻하게 해 주지만

그대 생각은
마음을 따뜻하게 해 줍니다

그래서일까요?
가끔
찬 겨울이
더 기다려지는 이유가.

방긋 웃는 커피잔

테이블에 놓인
커피잔이
멀뚱멀뚱

맞아!
내 안의 당신 생각
담는 걸 잊었군요

그제야 방긋!

오늘따라
커피 향이
참 부드럽습니다.

버튼

엘리베이터는
열고 닫는
버튼이 있어야 하지만

내 마음에는
버튼이 필요하지 않아

열려도 당신 생각
닫혀도 당신 생각이니까.

오솔길

어제도 걷고
오늘도 걷는
숲속 오솔길

산국화 향기따라
산새도 함께 걷는길

이 길은
내 안의 그대,
만나러 가는길

그대가 있어
꽃길이 된
기분 좋은 길!

그리움

세찬 빗방울이
창문을 두드린다

'그리운 그대
소식 가지고 왔나?'

창문을 열었다
세찬 비바람이
그대 대신 들어온다

그대 소식
담고 왔을지 몰라
마음이 두근두근.

꿈

그리움에
꽃을 담고
다시 보니
그대 얼굴이다

어젯밤
그대 만나는 꿈!
맞았다.

경포대

가을에는
친구와
여행을 떠나고 싶다

별이 반짝이는
경포대에 가서
아름다운 추억 하나
만들고 싶다

생각만 해도
기분 좋아지는 여행!

떠나기 전
경포대를 내 안에 미리 담았다
그대 발자국에 담겨 온
별빛 쏟아지는 소리 정겹다.

팬데믹

길이 막히고
산이 막히고
바닷길이 막히고

언제쯤
그리운 그대 만날 수 있을까?

또 언제쯤
일상으로 돌아갈 수 있을까?

사랑은
포기가 아니라
기다림이라 했는데

그래서
막힌 곳에서
신호를 보내듯
그대 생각을 보내고 있는데.

풍경소리

마음이 깨끗해지는 소리
그리움으로 담기는 소리
풍경 속에 그대가 있다

날
보고 싶게 만들기 위해
그대 생각을
울리며 있다.

그대가 보약

오늘 아침
문자가 왔다
보고 싶다고

급히 답을 보냈다
그대는
내게 보약이라고

맞다!
그대는 나의 보약이다

매일
사랑으로
정성 들여 지어 주는
그대가 보약이다.

사랑과 평화의 세상

하늘 아래
모든 생명이 어우러져 살아가는 이 땅에
미움과 시기, 질투가 사라진 자리
서로 격려하고 위로하며 용서하는
사랑이 가득하네

전쟁의 상처로 얼룩진 땅 위에 피어난 꽃처럼
따뜻한 마음이 모여 평화의 씨앗을 뿌리니
주님의 뜻이 하늘에서 이루어진 것같이
이 땅에서도 이루어지네

각자의 삶 속에서 겪는 어려움과 고통 속에서도
서로를 믿고 의지하며 희망을 잃지 않는 사람들
그들의 작은 용기와 희생이 모여
큰 기적을 이루고, 세상을 변화시키네

사랑과 평화가 가득한 세상에서는
모든 생명이 존중받고 행복을 누릴 수 있으니
우리 모두 함께 만들어 가는
이 아름다운 세상에서
영원히 함께하길 소망하네

하나님의 사랑이 우리를 감싸고 있으니
두려워하지 말고, 서로를 믿으며 나아가리
이 땅 위에 사랑과 평화가
영원히 함께하길 기도하네.

통일의 염원

이 땅이 둘로 나뉜 지
70여 년
금방 만날 줄 알았던
혈육들

애끓는 한은 어떡하나
한 세대가 가고
또 한 세대
다시 한 세대

그리움은 멍이 되어
시퍼런 임진강물로 흐른다

그리움
지우기 위해
오고 가는 철새에게
안부를 전한다

아직은
잘 살고 있다고.

사랑하며 살게 해 주소서

들의 풀
하늘을 나는 새도 입히고
먹이신다고
늘 말씀하신 당신!

이생의 모든 염려는
당신께 맡기고
당신의 온유와 겸손을 배워
실천하게 하소서

당신의 따사로운 눈빛이
내 눈빛 되어
당신처럼 많은 사람을
사랑하게 하소서

사랑하고
베풀면서
살아가게 해 주소서.

위로

오늘도 기쁨으로
하루를 시작하게 하소서
만나는 모든 사람에게
사랑의 눈길을 나누어 주게 하소서

아프거나 외로워
마음을 닫고 사는 사람들에게
소망을 품게 해 주소서
따뜻한 마음으로 찾아가
위로하게 하소서

주님의 위로가
그들에게
소망이 되고
희망이 되게 하옵소서.

홍시

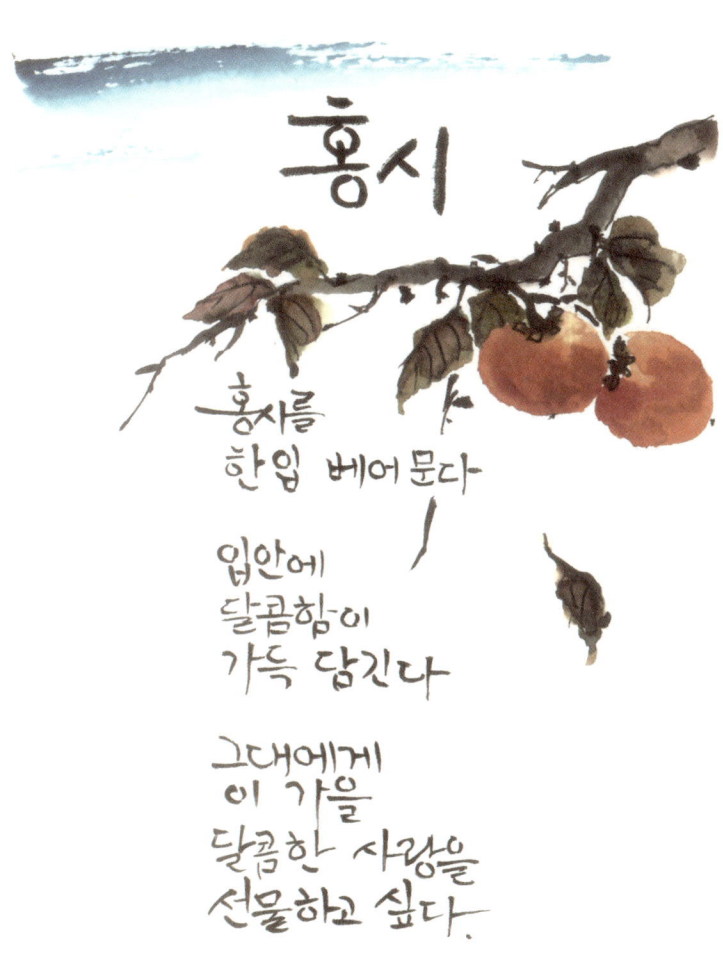

홍시를
한입 베어 문다

입안에
달콤함이
가득 담긴다

그대에게
이 가을
달콤한 사랑을
선물하고 싶다.

사랑할 수 있는 마음을 주소서

주님!
주님께
모든 것을 맡길 수 있는
믿음을 주옵소서

나의 오만이 아니라
나의 아집이 아니라
모든 것을 넉넉히
품을 수 있고
사랑할 수 있는 마음을 주셔서

좁디좁은 마음이
넓디넓은 마음으로
변하게 하소서

주님!
주님을
지독하게
사랑하게 해 주소서.

성탄의 기쁨

성탄 종소리가
울려 퍼지면
가슴이 열리고
두 손을 모으게 된다

주여!
이 땅에
사랑과 기쁨이
가득차게 해주소서!

하늘에는 영광
땅 위엔 평화

12월의 행복

하얀 눈이 내리는 12월
온 세상이 하얗게 물듭니다

크리스마스 종소리가
행복을 전해 주는 밤!

사랑하는 사람과 함께
따뜻한 차 한잔 마시며
지난 추억을 이야기합니다

추억 속을 돌아보니
나는 늘
새해를 기다리는 마음으로
새 희망을 꿈꾸고 있었군요

12월의 행복!
그 속에서
나는 더욱더 성장해 왔지요

마음까지 따뜻해지는
행복한 이 순간이
영원히 지속되기를
나는 늘 기도했어요

지금까지 그랬듯
12월의 행복!
그 속에서
나는 다시
새로운 내일을
준비하고 있습니다.

그리움 강이 되어